2억 모아 스무 살에 독립할래요!

초판 1쇄 인쇄 2023년 4월 24일
초판 1쇄 발행 2023년 5월 5일

원작 쭈니맨
글 김미애
그림 이광일
펴낸이 이승현

출판3 본부장 최순영
교양 학습 팀장 김솔미 **편집** 손민지
기획 이진아콘텐츠컬렉션
키즈 디자인 팀장 이수현

펴낸곳 ㈜위즈덤하우스 **출판등록** 2000년 5월 23일 제13-1071호
주소 서울특별시 마포구 양화로 19 합정오피스빌딩 17층
전화 02) 2179-5600
홈페이지 www.wisdomhouse.co.kr **전자우편** kids@wisdomhouse.co.kr

ⓒ쭈니맨, 김미애, 이광일, 2023
ISBN 979-11-6812-599-5 73320

* 이 책의 전부 또는 일부 내용을 재사용하려면 반드시 사전에 저작권자와 ㈜위즈덤하우스의 동의를 받아야 합니다.
* 인쇄·제작 및 유통상의 파본 도서는 구입하신 서점에서 바꿔드립니다.
* 책값은 뒤표지에 있습니다. * 이 책의 사용 연령은 8~13세입니다.

원작 쭈니맨 | 글 김미애 | 그림 이광일

위즈덤하우스

등장인물   4
프롤로그   7

1장 쮸니맨의 경제를 보는 눈 키우기   9

1. 소비자 마인드 말고 생산자 마인드로   10
2. 미니카를 팔려면 사업 계획서를 써야 한다고?   21
3. 워런 버핏처럼 경제왕이 될래요!   30
4. 특허로 돈을 벌 수 있대요   33

학습 페이지 돈을 모으는 목표 세우기

2장 쮸니맨이 알려 주는 용돈 버는 방법   45

1. 집안일 아르바이트로 차근차근!   46
2. 안 쓰는 물건을 벼룩시장에 팔아요   53
3. 저렴하게 사고파는 중고 거래를 이용한다면?   58

학습 페이지 용돈을 관리하고 버는 법

3장 쭈니맨의 사업 성공기 67

1. 손님들에게 즐거움을 파는 미니카 사업 68
2. 하루 종일 돈을 벌 수 있는 자판기 76
3. 좋아하는 것으로 시작한 스마트 스토어 80

학습 페이지 사업 계획서 만들기

4장 쭈니맨의 투자 성공기 91

1. 주식으로 수익을 낸다고? 92
2. 로이터 통신에서 십 대 투자자로 소개됐대요 99
3. 요즘 쭈니맨은요 103

학습 페이지 금융 상품과 물건 투자란?

부록 쭈니맨의 영상 콘텐츠 도전기 110

쭈니맨 등장인물

"스무 살까지 2억을 모을 거야!"

쭈니맨

제주도에 살고 있는 열두 살, 권준

모든 일에 호기심이 많다. 좌우명은 '도전하고 싶은 건 무조건 하기!'다. 너무 열정적이라, 가끔 실수를 하지만 굴하지 않는다. 잘 모르는 것은 공부하고 노력해서 정복한다.

"쭈니맨의 경제 독립을 응원해!"

엄마

쭈니맨네 만능 해결사

제주도에서 승마와 고카트를 체험할 수 있는 작은 놀이동산을 운영하고 있다. 힘든 일이 있어도 매사 긍정적이다. 가족을 위해서라면 무엇이든 척척 해낸다.

"쭈니맨, 하고 싶은 것은 뭐든 해 봐."

아빠

쭈니맨의 든든한 지원자

쭈니맨에게 한없이 다정하다. 쭈니맨이 하고 싶은 모든 일에 응원을 해 준다.

"오빠가 고민할 때 도움을 줄게."

제인
쭈니맨의 동생
이상한 것을 많이 알고 있다. 집에 있어도 어디에 있는지, 뭘 하는지 눈에 띄지 않아 비밀스러운 존재다. 쭈니맨이 혼자 있을 때 어디선가 갑자기 불쑥 나타난다.

"무엇이든 물어보면 다 답해 드려요."

알봇
뭐든지 아는 인공 지능 로봇
쭈니맨의 분신 같은 존재다. 쭈니맨이 가장 먼저 고민을 털어놓는 친구다.

1장 쭈니맨의 경제를 보는 눈 키우기

난 태어날 때부터 '경제 영재'는 아니었어. 아주 어릴 때부터 차곡차곡 쌓인 경험이 지금의 나를 만들었지. 음, 지금부터 경제에 관심을 가졌던 처음의 기억을 떠올려 볼게.

1. 소비자 마인드 말고 생산자 마인드로

난 어릴 때 가지고 싶은 물건이 정말 많았지. 특히 로봇을 좋아해서 유행하는 로봇이 있으면 엄마한테 사 달라고 마구 졸랐어.

내가 다섯 살 때 일이야. 아이런맨이 무척 인기였어. 난 아이런맨 왕 팬이었지. 아이런맨 영화가 나오면 열 번은 더 본 것 같아.

지구를 침략한 외계인을 무찌르려 빌딩 사이를 날아다니는 아이언맨한테 빠져들 수 밖에 없어. 아이언맨 로봇이 새로 나올 때마다 가슴이 두근거렸지.

우아, 또 새로운 아이언맨 로봇이 나왔으니 사야 해!

삐-삐- 소비 주의!

나는 엄마에게 당장 달려가 졸랐어.

"엄마, 새로운 아이런맨 로봇이 나왔어요. 사 주세요!"

"집에 로봇이 열 개도 넘게 있는데 또 산다고?"

"당연하죠. 아이런맨 로봇은 인기가 엄청 많아서 금방 다 팔릴 거예요. 그러니까 빨리 사야 해요."

엄마는 이런 나를 빤히 바라보다가 무슨 작정이라도 한 듯 입을 열었어.

"로봇을 사지 않아도 모든 로봇이 네 것이 되는 방법이 있어."

"정말요? 어떻게 하면 돼요?"

"로봇을 만드는 사람이 되면 돼."

"네? 로봇을 만드는 사람은 로봇이 되게 많겠네요."

"그럼. 집뿐만 아니라 회사의 창고 바닥부터 천장까지 전부 로봇으로 꽉 차 있겠지? 로봇을 만드는 사람이 되면 매일 로봇을 볼 수 있어. 거기다 로봇을 팔아서 돈도 벌 수 있지."

"우아!"

내 귀에 구멍이 뻥 뚫린 느낌이었지.

"꼭 로봇을 만드는 사람이 될래요. 엄마, 근데 제가 할 수 있을까요?"

"너무 어렵게 생각하지 마. 너는 로봇을 좋아하잖아? 그러니 훨씬 더 재미있게 만들 수 있을 거야."

"재미있게 만든다고요? 멋져요! 당장 도전해 볼래요!"

"알봇, 아이런맨 로봇을 만든 회사를 검색해 줄래?"

알봇은 곧 그 회사 홈페이지와 로봇 관련 기사들을 보여 줬어. 나는 이 자료들을 살펴보고 얼마 지나지 않아 알게 됐지.

'아, 로봇 하나를 만들려면 오랜 시간 동안 수많은 과정을 거쳐야 하는구나. 게다가 돈이 엄청 많이 드네.'

나는 엄마에게 실망한 얼굴로 말했어.

"엄마, 지금 제가 로봇을 만들긴 힘들겠어요."

"음, 그래. 당장은 어렵겠다. 그래도 로봇을 만드는 일에 대해 좀 더 알아보면 어때?"

"좋아요!"

나는 엄마의 제안에 흔쾌히 답했어. 사실 로봇 만드는 일에 대한 관심이 꺾인 건 아니었거든.

그 뒤로 나는 로봇과 관련된 직업을 찾아보고, 로봇 만드는 과정이 담긴 영상을 보며 엄마와 강연회에 가서 로봇 개발자를 만나기도 했지. 로봇에 대해 알아가는 건 매우 흥미로웠어. 그리고 자연스럽게 깨달아 갔어.

"좋아하는 걸 사는 것보다, 좋아하는 걸 만드는 게 백배는 더 재밌겠어. 내가 만든 걸 팔게 되면 얼마나 신날까?"

그때 이후로 '좋아하는 것을 만드는 일'에 대한 도전은 계속됐어. 그중 딱 하나만 더 이야기할게. 이건 눈물 없이는 들을 수 없는 사연이야. 내가 일곱 살 때부터 푹 빠져 살았던 딱지에 대한 거지. 이 이야기를 한번 들어 볼래?

딱지치기에서 또 진 나는 집으로 돌아와 서럽게 울면서 엄마한테 딱지를 사 달라고 졸랐어.

"엄마도 많은 딱지를 사 주고 싶지만, 지금은 돈을 절약해야 해. 놀이동산을 유지하는 비용이 많이 나가서 우리 네 식구의 생활비가 조금 빠듯하거든. 이러면 어때? 엄마랑 같이 딱지를 만드는 거야."

엄마의 말에 눈물이 쏙 들어갔어.

"딱지를 직접 만든다고요?"

내가 가장 좋아하는 딱지를 직접 만든다니까 생각만으로 설렜어. 이날 이후로 나는 딱지를 만들고, 또 만들었지. 신문지, 우유갑, 테이프……. 눈에 보이는 모든 것이 내 딱지 재료였어. 그리하여 탄생한 우주 최강 파워 딱지!

내 딱지가 왜 특별하냐고? 달력으로 접어서 테이프로 가로세로 스무 번쯤 감은 딱지라 엄청 탄탄하고 쉽게

뒤집히지 않아. 이 딱지는 내리칠 때도 굉장한 힘을 내.
뒤집기 기술 성공률이 높지.

　　알봇! 이 절연 테이프 딱지도 멋지지?
　　절연 테이프 딱지는 전기 기구에 붙이는 테이프로 만들었네요. 딱지 길이는 가로로는 20센티미터, 세로로는 20센티미터로 두께는 0.5센티미터입니다. 강도를 확인하려면…….
　　아, 그런 거 말고!
　　멋있습니다!
　　역시! 내가 얼마나 고생해 만든 건데!
　　드디어 멋진 딱지를 완성하셨군요. 축하합니다!

　이때부터 갈고닦은 딱지 만들기 기술은 몇 년 뒤 초등학교 4학년 바자회 날에 빛을 발했어. 내가 판 상품은 바로 우주 최강 파워 딱지 삼 종 세트! 절연 테이프로 만든 딱지 세 개, 우유갑으로 만든 딱지 세 개, 골판지로 만든 딱지 네 개를 준비했지. 딱지의 인기는 하늘로 치솟았어. 그때 학교에서는 딱지치기가 대유행 중이었거든. 이건 우연이 아니야. 딱지치기를 유행시킨 건 바로, 나! 쭈니맨이니까.

바자회에서 얼마를 벌었냐고? 나는 딱지를 팔아 6만 원을 벌었어. 심지어 딱지를 원하는 손님이 많아서 경매로도 팔았지. 원래 값보다 더 비싸게 판 거야.

친구들은 내가 딱지로 6만 원을 벌었다는 말에 부러워하며 딱지를 만든 비결을 물었어.

"음, 비결이라면…… 그것은 바로, 나의 열정! 그리고 맨땅에 헤딩이랄까?"

"야, 좀 알려 줘라."

"난 6년이나 딱지를 만들었어. 정말 끈질겼다고."

내 말에 친구들 입이 쩍 벌어졌어. 이어서 일곱 살 때 동네 형과 딱지를 쳤던 순간부터 계속 노력해 왔다는 걸 다 설명해 줬지. 나는 뿌듯한 마음으로 어깨를 으쓱였어. 그런데 친구들 표정이 이상한 게 아니야?

"너 어제 나하고 놀았잖아. 정말 6년 동안 매일 딱지를 만들었어?"

"매일은 아니고 일주일에 두세 번. 동시에 특허를 내려는 시도를 했지."

"그래서 특허는 받았어?"

"아니. 특허를 내기에는 기술이 특별하지는 않았거든."

"에이."

친구들이 김빠진 소리를 냈어. 하나만 알고, 둘은 모르다니. 나는 가슴팍을 한껏 내밀며 말했어.

"잘 들어. 나는 5년 동안 딱지를 천 개도 더 만들었어. 그래서 우주 최강 딱지 삼 종을 만들 수 있었던 거야. 특허까지는 아니지만, 덕분에 딱지 박사가 됐지. 이게 내 딱지의 비결이야."

어때? 나는 딱지를 몇 년간 연구하고 직접 만들어서 바자회 날 딱지로 '돈'을 벌었어. 딱지를 계속 사기만 하고 만들 생각을 못 했다면 이런 경험을 못 했겠지?

2. 미니카를 팔려면 사업 계획서를 써야 한다고?

내가 맨 처음 물건을 파는 일에 도전한 얘기를 들어 볼래? 바자회에서 딱지 판 얘기는 이미 들었다고? 아니, 딱지보다 더 먼저 팔았던 게 있어. 바로 미니카야.

사실 그전에는 팔 물건만 있으면 장사를 할 수 있는 줄 알았어. 그런데 그게 아니더라고. 정말 쉬운 일은 없다니까! 우여곡절 끝에 미니카를 팔게 된 이야기 좀 들어 봐.

유치원 때 난 미니카에 푹 빠져 있었어.

"쭈니야, 아빠 왔다! 출장 갔다가 뭘 사왔게?"

"아빠~. 제 선물 사 오신 거예요? 뭔데요?"

"짜잔! 네가 좋아하는 미니카! 그것도 두 대!"

곧장 나는 아빠와 미니카를 조립했어. 무선 리모컨으로 조종해 경주도 했지. 얼마나 신이 났는지 먹는 걸 좋아하는 내가 저녁 식사도 미룰 정도였다니까.

아빠와 나는 우리 가족이 운영하는 놀이동산의 카페 빈 공간에서 미니카를 팔기로 이야기를 나눴어. 아빠와 반대로 이 이야기를 들은 엄마는 결사반대했지.

"엄마, 제발 허락해 주세요. 놀이동산에서 미니카를 팔아 볼래요."

"너는 겨우 일곱 살이잖니."

"피~, 장사가 재밌어 보이는걸요."

"일곱 살은 열심히 놀 때야. 그러니까 놀아."

엄마가 반대하자, 나는 아빠에게 가서 다시 말했어.

"아빠, 엄마한테 다시 말해 주세요."

"아빠도 엄마한테 몇 번 말했는데 안 된다고 하네."

결국 엄마의 반대로 미니카를 파는 내 계획은 이뤄지지 않았어.

'왜 안 돼! 미니카를 팔고 싶은데, 어떡하지.'

나는 곰곰 생각했지만 다른 방법이 없었어. 나는 겨우 일곱 살이니까. 혼자서 할 수 있는 건…… 아, 있다! 방법이 떠올랐어. 바로 설득! 나는 부모님을 계속 설득하기로 했어. 어린 내가 일하려면 부모님의 도움이 꼭 필요하니까. 결심한 순간부터 나는 엄마 아빠 뒤를 졸졸 따라다녔지.

마침내 엄마가 내 말을 들어 주었어. 시작도 못 해 보고 끝나지 않아 다행이었지. 그런데 어떻게 팔 건지 정리하라고? 막막해진 내가 엄마에게 물었어.

"어떻게 팔 건지 어떻게 정리해요?"

"그걸 사업 계획서라고 해. 어떤 사업을 시작하기 전에 그 사업을 어떻게 진행할지 계획을 미리 세우는 거야. 그러니까 네가 언제, 어디서, 무엇을, 어떻게, 왜 파는지 정리해서 적어 보렴."

사업 계획서?

나는 사업 계획서라는 말을 태어나서 처음 들었어. 공부하고 이해하는 데만도 엄청난 시간이 걸렸지.

나는 나름대로 최선을 다해서 어설픈 글과 그림으로 나만의 사업 계획서를 만들었어. 종이에 내 생각을 담으니 무언가 완성된 느낌이었지.

쭈니네 스피드 미니카 사업 계획서

내 첫 번째 사업 계획서 봤어? 어때, 엉성해도 멋지지 않아? 나는 엄마 아빠에게 내 사업을 설명했어. 그러자 엄마가 말했지.

"가게에서 팔 미니카는 무슨 돈으로 살 거니?"

"세뱃돈과 용돈을 모은 돈으로 살 거예요."

이 대화를 듣고 있던 아빠가 말했어.

"물건을 어디에 진열할 거야?"

"카페에 있는 책장을 이용할 거예요."

엄마도 한마디 거들었어.

"준이는 평일에 유치원에 가잖아. 낮에 일할 시간이 있어?"

"그러면 유치원에 안 가는 토요일하고 일요일에 일할 거예요."

나는 큰 목소리로 또박또박 대답했지.

"좋아! 그럼 카페 한쪽에서 해 보렴."

엄마가 웃으며 마침내 허락했어.

"야호!"

나는 기뻐서 괴성을 질렀지. 아빠는 이런 내 모습을 보고 말했어.

"사업 계획서를 쓰고 발표한 마음으로 열심히 해야 한다."

"네!"

내 대답에 집이 쩌렁쩌렁 울렸어. 그때 나는 어렴풋이 깨달았던 것 같아. 장사를 하는 게 단순히 좋아하는 것을 팔겠다는 마음만으로 되는 게 아니라는 것을 말이야.

미니카 사업의 결과는 어땠을 것 같아? 이 이야기는 3장에서 자세히 이야기해 줄게.

3. 워런 버핏처럼 경제왕이 될래요!

내가 열 살 때 위인전에 빠진 적이 있었어. 이때로 돌아가 볼까?

어느 날 위인전을 읽고 있는 나를 본 알봇이 궁금하다는 듯이 물었지.

 어떤 위인전을 읽고 있습니까?
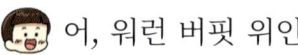 어, 워런 버핏 위인전.

사실, 나는 글자가 많은 책을 잘 못 읽었어. 자꾸 하품이 나고 졸렸지. 하지만 위인전은 옆구리에 끼고 다닐 만큼 좋아했어. 왜냐고? 위인전에 나오는 사람들은 실제로 살았던 사람들이잖아. 어릴 때부터 재능이 남다른 과학자, 사업가, 스포츠 선수가 되는 성장 이야기는 정말 흥미진진해.

실패와 노력을 반복하다가 마침내 성공하는 이야기는 말이야. 다 읽고 나면 "오, 멋진 사람이다!" 하는 소리가 절로 나와. 나도 멋진 사람이 되고 싶은 마음이 마구 샘솟지.

갑자기 제인이가 책 위로 얼굴을 쑥 들이밀었어.

"오빠, 날 봐. 나는 위인이 아냐?"

"하하. 넌 안 돼."

"왜?"

"위인은 고난을 헤쳐 나가거든."

"나도 학원에서 비를 뚫고 왔다고."

"그건 네가 집에 와야 하니까 당연한 거고."

"맞아, 헤헤. 나도 같이 볼래."

제인이가 내 옆에 앉았어. 나는 보고 있던 워런 버핏 책을 제인이 앞으로 조금 밀어 같이 책을 보았지. 제인이 역시 금방 워런 버핏 이야기에 빠져들었어.

워런 버핏을 보고 뭔가 찌릿하게 전율이 왔지. 워런 버핏은 어려서부터 숫자를 좋아하고, 스스로 돈을 버는 일에 관심이 많았대. 학창 시절 신문 배달을 하며 번 돈으로 주식 투자는 물론 사업까지 한 대담한 사람이었어. 돈을 다루는 법을 미리 알고, 몸소 경제 개념을 익힌 거야.

특히 워런 버핏이 어렸을 때 음료수를 팔았다는 말에 역시 나이가 중요한 건 아니라는 걸 깨달았지. 나는 워런 버핏에게 큰 감동을 받았어. 워런 버핏처럼 하고 싶은 일에 모두 도전을 해 봐야겠다고 마음을 먹었지. 바로 내 손으로 용돈 벌기 그리고 사업하기! 나도 언젠가 워런 버핏처럼 될 거야.

4. 특허로 돈을 벌 수 있대요

　알다시피 나는 좋아하는 것을 사는 사람이 아닌 직접 물건을 만드는 사람이 되고 싶었어. 꿈은 이루어지는 것! 생각만 가지고 있다면, 나 쭈니맨이 아니지.

　음, 내가 좋아하는 것 중 나만 만들 수 있는 게 뭐가 있을까? 다른 사람은 생각하지 못하는 물건을 만들면 미래에 가치가 커질 수도 있지 않을까?

　그런데 그거 아니? 가장 처음 만들었다고 내 것이 되는 건 아니야. 내 것이라고 법적으로 도장을 땅! 찍어 둬야 해. 바로 특허를 내는 거지. 나는 내가 만든 특별한 물건을 특허로 내고 싶었어.

　내가 처음 특허를 시도한 건 여덟 살 때야. 어느 날 아침, 집을 나서던 아빠의 모습을 보다가 도전이 시작됐지.

　그런데 아빠가 그새를 못 참고 구두 뒤축에 우산을 끼우고 신발을 신고 있는 게 아니야? 순간 어떤 생각이 내 머릿속에 딱 들어왔어.

　'우산과 구둣주걱이 다 되는 물건이 있다면?'

　나는 아빠가 나간 뒤 우산을 구둣주걱 삼아 신발을 신었지. 신발을 바꾸며 열 번도 더 넘게 우산으로 해 봤어. 재미있고 편했지. 우산과 구둣주걱을 합친 발명품이 성공할 거라는 확신이 들었어. 이런 물건이 있다면 누구나 사고 싶을 거라고 생각했지.

혼자서 호들갑을 떠는 나를 보고 제인이가 물었어.

"오빠, 뭐 하는 거야?"

"발명의 역사를 바꾸고 있지. 그 이름은 바로 우산과 구둣주걱!"

제인이는 고개를 절레절레하더니 자신의 방으로 갔어. 나도 제인이를 따라가 보았지.

"뭐 해?"

"헷!"

동생 제인이가 불쑥 들이밀었던 얼굴을 빼면서 키득키득 웃었어. 제인이가 웃으니까 나도 모르게 긴장감이 스멀스멀 올라왔어.

"왜?"

내가 물었어.

"심부름 쿠폰 한 개 줘."

제인이가 대답했어.

제인이가 심부름 쿠폰을 달라고 할 때는 나하고 거래할

일이 생겼다는 뜻이고, 열에 아홉은 나한테 불리한 일이야. 싫다고 하면 무슨 일인지 말을 안 할 테고, 그럼 나는 궁금해서 몸이 꿈틀거리겠지.

"좋아. 무슨 일인지 말해."

"이걸 보면 나한테 고맙다고 말할지도 몰라."

제인이가 종이 한 장을 주었어.

헉! 종이를 본 나는 아무 말도 할 수 없었지. 종이에는 우산과 구둣주걱 사진이 있었거든. 누군가 벌써 발명을 한 거야. 이미 특허를 받은 발명이었지.

"아, 역시……."

"오빠, 너무 실망하지 마. 그럴 수도 있지."

제인이가 내 등을 툭툭 두드렸어.

"무슨 말씀! 내 사전에 실망은 없어. 깨달음과 새로운 도전이 있을 뿐!"

나는 우산과 구둣주걱 특허 사건이 오히려 기분이 좋았어. 특허를 내기 위해서는 아이디어도 중요하지만 빠른 판단과 시도가 중요하다는 걸 깨달았지. 또한 내가 생각하는 걸 다른 사람이 먼저 만들었다는 건, 상품으로 가치가 있다는 뜻이잖아! 실망보다 오히려 용기를 얻었어.

이번 계기로 깨달았지. 일상생활에서 생기는 불편함을 잘 관찰하면 특허 아이디어를 얻을 수 있다는 것을 말이야. 한동안 난 주변 물건을 사용하면서 불편한 적은 없었는지, 다른 사람들이 느끼는 불편함은 없는지를 세심하게 살폈지. 이런 노력은 조금씩 결과를 맺었어.

그중 가장 만족스러운 건 '아이스 홍시 집게'야. 내가 이름도 직접 지었어. 이건 아직 특허 심사가 진행 중이지만, 그동안 내 노력이 헛되지 않았다는 걸 알게 해 줘.

아이스 홍시 집게는 어떻게 개발하게 됐냐고?

우리 가족은 얼린 홍시를 엄청 좋아해. 하루에 한 개씩 먹는데 어찌나 손이 시린지, 홍시를 자꾸만 바닥에 떨어트리는 거야.

"아, 아까워. 또 떨어트렸어."

이때부터 나는 홍시를 떨어트리지 않고 잘 잡는 방법을 찾아 이런저런 재료로 실험했어. 그리고 불편한 점과 개선되면 좋은 점을 찾았지.

"갑자기 뭐 하는 거야?"

아빠가 내 모습을 보고 물었어.

"꽁꽁 언 홍시를 떨어트리지 않고 잡아서, 맛있게 먹는 도구를 발명 중이에요. 일명 아이스 홍시 집게!"

"하하, 정말 기발한데."

"그죠? 제대로 발명해서 특허를 낼까요? 어때요?"

"좋은데? 바람대로 되면 좋겠네."

"이걸로 특허를 내서 돈을 많이 벌면 좋겠어요!"

"흠, 혼자보다 여럿의 생각을 합치면 더 좋지 않을까?"

이날 저녁, 가족회의 때 여러 생각을 모았어. 홍시를 잡아 주는 집게 모양이나 재질 등을 생각한 후 디자인을 완성했지.

이제 특허를 신청할 차례야. 갑자기 막막해진 나는 알봇에게 물었어.

"알봇, 특허는 어떻게 신청해?"

특허를 신청하기 위해서는 먼저 상품에 대한 디자인이 필요합니다. 또한 특허를 신청할 때는 특허를 내는 사람의 이름과 생년월일부터 특허권에 필요한 내용이 담긴 특허 출원서, 발명에 대한 상세한 설명이 있는 명세서, 특허를 신청할 대상의 모양이나 특정 구조가 담긴 도면 및 요약서 등의 서류가 필요합니다. 특허 심사를 받는 과정이 까다로워 변리사의 도움을 받기도 합니다.

나는 엄마와 상의해서 변리사의 도움을 받기로 했어. 변리사는 먼저 아이스 홍시 집게 스케치를 요청했고, 나는 정성껏 그림을 그려 주었지. 얼린 홍시를 먹으면서 불편했던 점과 개선한 점을 적어 보냈어.

얼마 후 변리사에게서 내 아이스 홍시 집게를 특허로 신청할 수 있다고 답변이 왔어.

"야호!"

나는 부족한 정보는 더하고 정리해서 특허를 신청했어.

그런데 맙소사! 특허를 심사하는 기간은 보통 6개월에서 1년 정도가 걸린대. 또 특허 상품에서 부족한 부분이 생기면 서류를 다시 내야 하기 때문에 기간이 더 늘어난다는 거야. 난 이렇게 특허를 내는데 시간이 오래 걸리는지 몰랐어. 정말 엄청나지? 벌써부터 기다리는 시간을 생각하면 두근두근 떨려. 아이스 홍시 집게로 꼭 특허를 내면 좋겠어.

특허에 대한 도전은 아이스 홍시 집게 말고도 북 커버, 빨래 건조대, 칸칸이 저금통이 있어. 아이디어를 발명으로 연결시킨 결과지.

세상에서 제일 편리한 멀티 북 커버

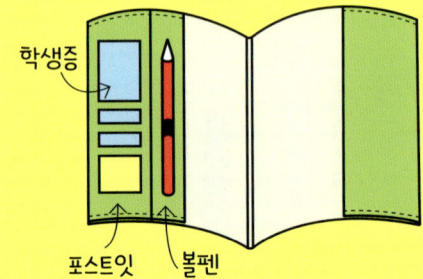

포스트잇, 볼펜, 학생증을 수납할 수 있다. 북 커버 등에는 펼침이 가능한 독서 삼각대가 있으며, 물건을 넣고 닫을 수 있다.

신개념 칸칸이 저금통

디자인 특허 획득

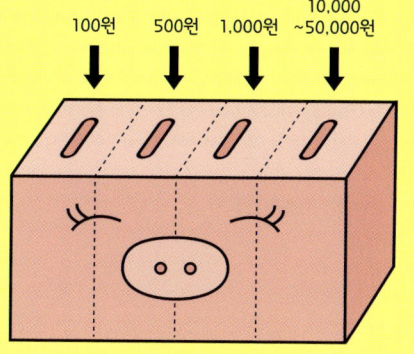
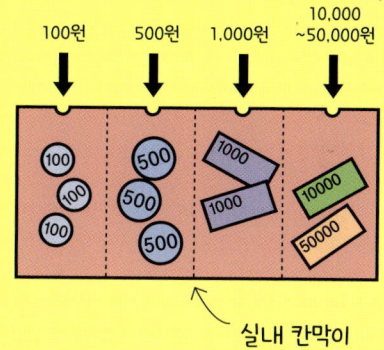

실내 칸막이

동전과 지폐가 종류별로 칸칸이 분리되어 저금할 수 있다.

신혁명 스피드 빨래 건조대

학교 발명 아이디어 금상 수상

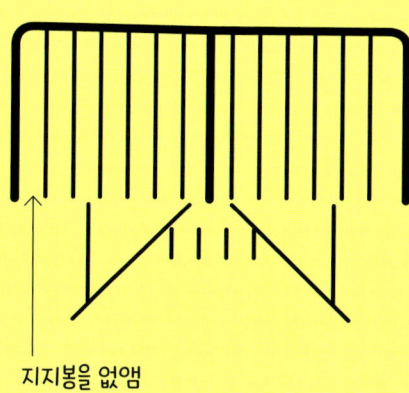

지지봉을 없앰

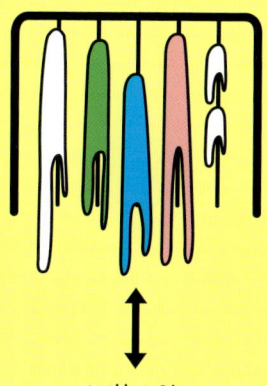

지지봉이 없어 옷을 넣고 꺼내기가 편함

위쪽 부분의 행거 프레임에 가로 지지봉이 없다. 하단에 버튼이 있어 발로 눌렀을 때 옷이 한 번에 떨어진다.

내가 만든 발명품들로 아직 수익은 이끌어 내지 못했지만, 미래에 좋은 성과로 돌아올 거라고 생각해. 나는 앞으로도 나만의 특허에 계속 도전할 거야. 정성을 기울여 내가 만든 상품을 모두가 편리하게 쓸 때까지.

돈을 모으는 목표 세우기

좋아하는 장난감을 모두 사고 싶나요? 사고 싶은 대로 사다 보면 돈을 모으지 못해요. 돈을 모으려면 목표가 있어야 해요. 그럼 목표를 어떻게 세우면 좋을까요?

목표는 기간별로! 구체적으로!

먼저 목표 금액을 정하고 달성 기간을 6개월에서부터 1년까지로 짧게 잡아요. 갖고 싶은 휴대 전화가 100만 원이면, 약 10만 원씩 모아야겠죠?
그다음엔 1년에서부터 10년까지로 조금 더 길게 잡아요. 스무 살까지 얼마를 모아 독립하기처럼요.
이제 목표를 10년 이상으로 길게 잡아요. 10년 단위로 목표를 세우면, 몇 가지 목표는 큰 금액이 필요할 수 있지만 이렇게 행동하다 보면 목표에 가까워져 있을 거예요.
이렇게 세운 목표로 무엇을 하고 싶은지 정확히 이야기할 수 있어야 해요. 직접 손으로 적어도 되고, 컴퓨터 문서로 작성해도 좋아요. 적어 둔 목표는 방향에 따라 언제든 수정할 수 있으니 너무 걱정하지 말아요.

목표대로 되고 있는 점검해요

목표로 한 것이 잘 지켜지는지 살펴보는 것도 중요해요.
예상하지 못했던 일들이 일어나기도 하니까요.
현재의 상황에 따라 필요하다면
다시 조정해 봐요.

2장 쭈니맨이 알려 주는 용돈 버는 방법

 친구들이 나에게 용돈을 얼마나 받는지 질문한 적이 있어. 일곱 살 때부터 용돈을 받기보다 벌기도 했다고 하니까 다들 깜짝 놀라더라고. 용돈을 버는 건 생각보다 재밌어. 꼬마 쭈니맨의 용돈 번 이야기 들어 볼래?

1. 집안일 아르바이트로 차근차근!

때는 바야흐로 내 나이 일곱 살! 지금보다 더 귀여운 모습으로 유치원을 다닐 때였지. 나는 종종 우리 놀이동산에 있는 카페에 엄마를 따라 놀러 갔어. 우리 카페에는 어른부터 어린이까지 좋아하는 음료가 준비돼 있지.

어느 날, 엄마가 하는 일이 너무 재미있어 보이는 거야. 로봇처럼 생긴 네모난 기계를 조작하면 작은 컵에 폴폴 김이 나는 커피 원액이 쪼르륵 떨어졌지. 새로운 걸 만지고 만드는 건 내 특기인데……. 갑자기 몸이 꿈틀거렸어.

'하고 싶다. 하고 싶다. 나도 하고 싶다.'

엄마가 내 마음을 딱 알고 물었어.

"한번 해 볼래?"

"네!"

나는 망설일 이유가 없었지. 커피를 내리는 일은 보는 것처럼 쉽지 않았지만 나는 몸집이 좋고 힘이 있어서 그럭저럭 커피를 잘 내렸어.

"다음에 또 해도 돼요?"

"음, 좋아. 그럼 여기서 잠깐 아르바이트를 하는 건 어때? 아직 처음이라 서투르니 가끔 한 번씩 해. 커피 한 잔당 500원을 주마."

하지만 내 성격 알지? 나는 한 번 시작한 일은 쉽게 멈추지 않아. 다음 날에도, 그 다음 날에도 카페에 들러 커피를 내리는 일을 반복했지. 커피를 내리는 실력이 점점 늘어 갔어. 얼마나 지났을까. 어른들은 나를 보고 깜짝 놀랐어.

"어머, 아이가 커피를 내리네."

"호호, 네가 계산도 할 줄 아니?"

내 모습을 보고 왜 놀라지 않겠어. 커피를 내리는 기계뿐만 아니라 계산하는 기계까지 잘 다루는 어린이가 흔한 건 아니잖아. 놀러 온 친구들도 나를 영웅을 보듯 했지.

훗~! 이 정도에 놀란 건 아니지? 아직 더 있다고! 이번 이야기를 들으면 나를 아르바이트의 달인이라고 부를 거야.

나는 일할 때마다 돈이 모이니까 일하는 게 재미있었어. 그래서 계속 내가 할 일을 찾아다녔지.

'오늘은 뭘 하면 좋을까?'

집 안 이곳저곳을 살펴보다가 엄마가 마당에 있는 모습을 보고 바로 뛰어나갔어. 마당으로 나가는 동안 곧 내가 할 일이 생길 것 같아 기뻤지.

꽃 머리를 자르는 일은 내 아르바이트 중 하나가 됐어. 그런데 친구들은 꽃 머리 하나당 100원은 너무 적다고 했지. 다들 "겨우 그거밖에 못 받아?"라고 했어. 하지만 절대, 절대 아니야! 100원은 적은 금액이지만 꽃 머리를 자른 게 하나가 아니라 무려 100개가 넘거든.

나는 돈을 귀하게 여겨서 금액이 적은 아르바이트도 열심히 해. "티끌 모아 태산"이라는 말도 있잖아. 아르바이트 이야기가 아직 더 있냐고? 물론이지. 이렇게 끝나면 아르바이트의 달인이라고 할 수 없지.

이건 초등학교 4학년 때 이야기야. 나는 용돈을 벌면서 한 달에 1만 원씩 용돈을 받았어. 처음에는 큰돈이라고 생각했는데 편의점에 몇 번 다녀오니까 돈이 없었지.

맛있는 과자나 아이스크림을 더 사 먹을 수 없다니!

이때부터 나는 머리를 데굴데굴 굴렸어.

'엄마한테 용돈 금액을 올려 달라고 할까. 엄마가 쉽게 올려 주지 않을 거야. 이건 어림없지.'

그럼 결론은 딱 하나였어.

"집안일 아르바이트를 시작하자!"

나는 내가 할 수 있는 일을 모두 적어서 엄마에게 갔지.

"엄마, 제가 계획을 짰어요. 엄마는 바쁘니까 집안일을 할 시간이 부족하잖아요. 저는 시간이 많고요. 집안일 아르바이트를 제가 하는 건 어때요? 용돈은 올려 주지 않아도 돼요. 대신 제가 일한 만큼 정정당당하게 돈을 벌게요."

"진짜? 그렇다면 좋아. 오늘부터 정식 집안일 아르바이트생으로 고용할게."

"네. 엄마 사장님."

계약이 이루어졌어. 역시, 계획이 확실하면 성공률이 높다는 걸 깨달았어. 엄마와 나는 집안일 가격표를 만들고 가격을 정했어.

집안일 가격표

설거지	2,000원
쓰레기 버리기	1,000원
음식물 쓰레기 버리기	2,000원
빨래 널기	1,000원

* 일하는 시간과 양에 따라 금액이 달라질 수 있음

그러던 어느 날이야. 옷 방에 있는 큰 옷걸이가 쓰러져서, 엄청난 양의 옷이 바닥에 아무렇게나 흩어져 있었지. 엄마 사장님이 나를 불렀어.

"아르바이트생, 할 일이 생겼어요."

"와, 난리가 났군요. 옷 정리 비용은 얼마로 생각하세요?"

"1만 원 어때요?"

나는 1만 원이라는 말에 고민이 됐어. 일의 양과 난이도에 비해 적은 금액이라고 생각했거든. 그래서 바로 흥정을 시작했지. 일하는 것에 대한 정당한 대가는 당연한 거니까.

"아이고, 사장님. 이 정도면 3만 원은 주셔야 합니다. 이 엄청난 양을 보세요. 1만 원으로는 저 못해요. 잘 생각해 보시고 제가 필요하면 불러 주세요."

"좋아요. 그럼 3만 원. 대신 깔끔하게 정리해 주세요."

"알겠습니다. 걱정 마세요."

엄마 사장님은 나에게 일을 맡겼어. 나는 약속대로 옷을 완벽하게 정리했지. 돈을 받았으니 최선을 다하는 건 당연한 말씀. 이렇게 하나둘 모아서 사업 자금으로 써야지. 멋진 사장님이 되는 그날까지!

2. 안 쓰는 물건을 벼룩시장에 팔아요

어느덧 내 통장과 저금통에 돈이 조금씩 늘어났어. 돈을 버는 재미에 집 밖에서도 용돈을 벌 수 있는 방법을 계속 찾았지. 바로 학교에서 열리는 벼룩시장! 벼룩시장은 용돈을 벌기에 딱 맞춤한 곳이야. 얼마 전에 학교 벼룩시장에 참가한 내 이야기를 들으면 깜짝 놀랄지도 몰라.

벼룩시장이 열린다는 소식을 들은 날, 나는 집에 가서 온갖 물건을 다 뒤졌어. 우당탕탕 물건을 뒤지는 소리에 가족들이 몰려들었지. 내 이야기를 듣고 가족회의를 했어.

"어떤 물건을 팔까요?"

"우리는 안 쓰지만 쓸 만한 물건이어야 할 텐데."

"우선 일 년 동안 안 쓴 물건이나 있는지도 몰랐던 물건, 여러 개 있는 물건부터 찾아보자. 그리고 무엇보다 친구들이 쓰면 좋을 물건으로 찾아야 해!"

우리 집엔 제인이가 지금은 갖고 놀지 않는 인형들, 내가 하나둘 사 모았던 구슬들, 숨겨져 있던 문화 상품권까지 안 쓰는 게 있었지.

나는 벼룩시장에서 팔 물건을 정했어. 그리고 가격을 정했지.

다음 날 벼룩시장이 열렸어. 그런데 판매에 위기가 닥쳤어. 바로 옆에서 영동이가 주스를 파는 게 아니야? 거기다 가격도 똑같았지. 영동이는 깜짝 놀라, 주스 가격을 700원에서 600원으로 내렸어.

'앗, 어떡하지?'

나는 잠시 고민하다가 아이스티는 600원으로, 슬러시는 1,000원에서 800원으로 가격을 내렸어. 그러자 영동이도 주스 가격을 100원 더 내렸고, 나도 100원을 또 내렸지. 이제 더는 안 돼. 아이스티값, 아이스티를 담은 일회용 용기값, 그리고 힘들게 음료를 만든 값과 일한 값이 있잖아. 더 이상 가격을 내리지 않고 친구들을 맞이했어.

나는 특별하게 아이스티와 슬러시, 구슬, 인형을 구매하는 친구들에게 서비스로 뽑기를 하게 했지. 아이스티와 슬러시는 인기가 좋아 금방 매진이 됐고, 이어서 구슬과 인형도 매진이 됐어. 특히 구슬은 제주도에서 팔지 않는 물건이라 인기가 좋았지. 친구들이 기뻐하는 모습을 보니 나도 뿌듯했지.

집으로 돌아와 벼룩시장에서 번 돈을 계산해 봤어.

벼룩시장 수익금

아이스티 500원 × 10잔	5,000원
+ 슬러시 700원 × 10잔	7,000원
+ 구슬(작은 크기) 200원 × 12팩	2,400원
+ 구슬(큰 크기) 500원 × 12팩	6,000원
+ 인형 500원 × 3개	1,500원
벼룩시장 수익금	**총 21,900원**

구슬, 인형과 아이스티와 슬러시를 팔아서 21,900원을 벌었어.

벼룩시장에서 번 돈은 어디에 쓸 거냐고? 제인이랑 피자를 사 먹을 거야. 맛있는 피자를 사 주는 멋진 오빠의 모습을 보여 줘야지.

음, 제인이랑 피자를 다 먹고 집에서 안 쓰는 물건을 또 찾아볼까? 이번엔 뭘 팔까?

3. 저렴하게 사고파는 중고 거래를 이용한다면?

　나는 늘 돈을 버는 일에 관심이 많았어. 그래서 몇 년 전부터 사람들이 중고 거래를 많이 이용하는 것도 알았지. 어른들이 중고 거래로 돈을 벌었다고 후기를 남긴 걸 봤거든. 나 쭈니맨이 이렇게 좋은 용돈 벌이를 놓칠 수는 없지! 나는 곧 상태가 좋은데 잘 쓰지 않는 물건을 골라 중고 거래 애플리케이션에 글을 올렸어.

　역시 반응이 좋았지. 예전에는 태권도 발차기 매트 세트를 2만 원에 판매한 적도 있었고, 필요한 물건을 저렴하게 사서 돈을 절약한 적도 있었어. 그런데 돈 버는 일이 늘 쉬운 것만은 아니더라고. 물건을 파는 일은 더 신중해야 한다는 걸 나는 이때 배웠지. 가슴 쓰라린 그날의 이야기를 해 줄게.

　드론을 3만 원에 팔고 흐뭇해하던 어느 날 오후였어.

　"띠링!"

드론을 직거래한 아저씨한테 문자가 와서 창을 열었지.

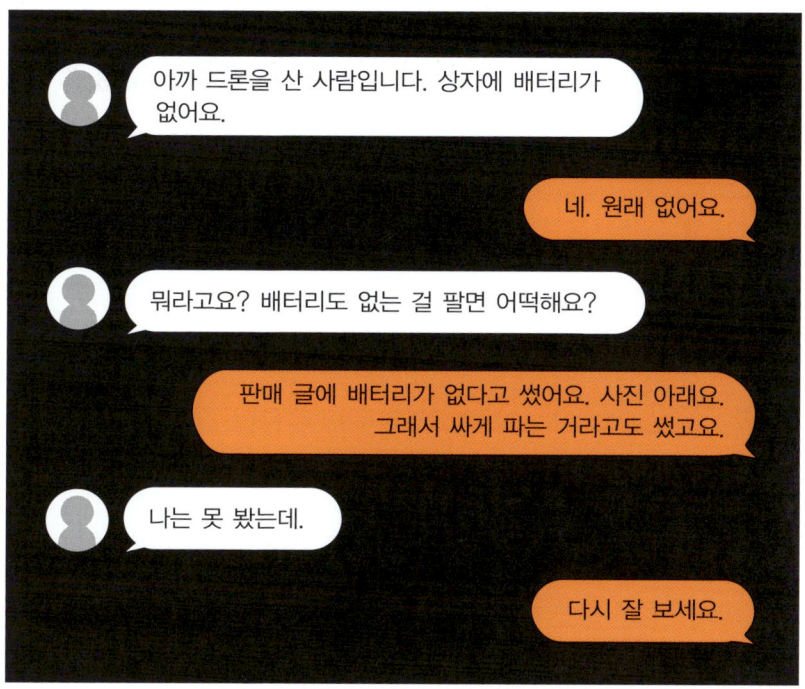

아, 깜짝이야. 나는 정말 놀랐어. 마무리가 잘 돼 다행이라 생각했지. 그런데 잠시 후, "띠링!" 하고 알림이 또 울렸어. 가슴이 쿵쿵 뛰었지. 문자 창을 열까. 말까. 나는 망설이다가 대화 창을 확인했어.

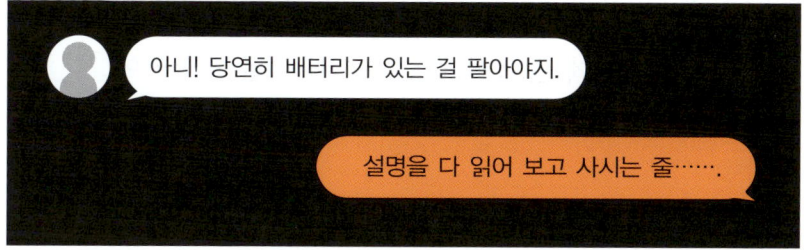

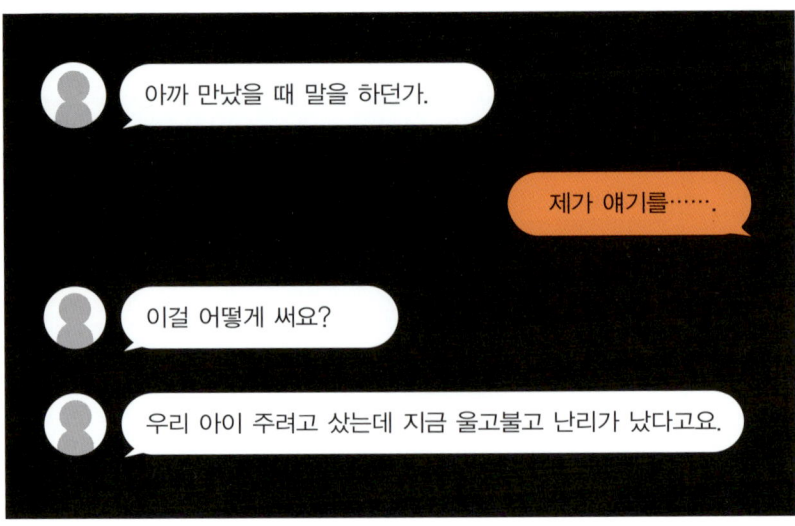

나는 답도 못하고 땀만 삐질삐질 흘렸어. 나야말로 너무 억울해서 울고 싶었지.

'그나저나 어떡하지?'

알봇, 이럴 때는 어떻게 해? 없는 배터리를 어디서 구하지?

무슨 배터리 말입니까?

드론 배터리 말이야.

일반 배터리는 슈퍼마켓, 문방구, 편의점에서 살 수 있습니다. 드론 회사에 전화하는 방법도 있습니다.

아! 왜 그 생각을 못했지. 알봇, 위즈덤 드론 회사 전화번호 알려 줘."

네. 위즈덤 드론 회사 전화번호는 02-1234입니다.

나는 급하게 드론을 만든 회사에 전화해서 배터리만 살 수 있는지, 가격은 얼마인지 물어보았지. 얼마나 긴장을 했는지 이마에 맺힌 땀이 뚝뚝 떨어졌어. 그러나 일은 내 뜻대로 되지 않았지.

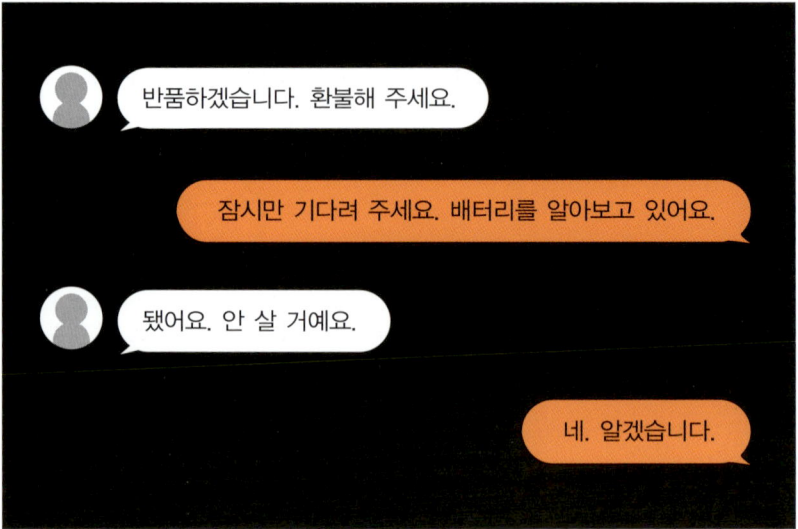

나는 대화 창을 한참 보다가 답장을 보냈어. 문제를 해결하려고 노력했지만 결국, 환불해 주기로 했지. 기운이 빠졌어. 그럴 수도 있지. 반품은 누구나 하는 거잖아. 나는 나를 계속 달랬지만, 그래도 속이 상했어.

😮 알봇, 정말 힘든 하루였다!

🧒 일은 잘 해결했나요?

👦 응, 나는 배터리가 없다고 분명 적었는데! 억울해!

🧒 물건을 팔 때는 물건의 특징이나 문제가 있을 때는 사는 사람에게 분명하게 알려줘야 합니다.

👦 내 잘못도 있다는 거야?

🧒 잘못이라기보다 문제가 생기기 전에 미리 막는 게 좋으니까요.

드론은 팔지 못했지만 아주 귀한 경험을 한 거야. 중고 거래 드론 반품 사건은 당황스럽고 힘들었지만, 거래를 잘하는 방법을 알았으니까 나름 수확이 있었다고 생각해. 나는 공책에 오늘 배운 점을 적었어.

중고 거래할 때 주의해야 할 점!

*물건을 살 때는 물건 정보를 정확하게 확인할 것

*물건을 팔 때는 내 물건의 설명을 확실히 할 것

*문제가 생겼을 때는 떨지 말고, 차분하게 대응할 것

이 일로 힘들었지만 왠지 마음이 꽉 찬 느낌이 들었어. 그러니까, 음……. 맞아! 조금 자란 기분. 하하!

용돈을 관리하고 버는 법

용돈을 어떻게 쓰나요? 받는 대로 쓴다면 쓸데없는 소비만 할 수 있어요. 용돈을 관리하는 법도 중요하죠. 만약 용돈이 부족한 상황이 생길 땐 용돈을 직접 벌어 봐요!

용돈을 관리하는 법

용돈을 부모님에게 받기 전에 어떻게 사용할지 먼저 고민해야 해요. 용돈을 받고 나면 은행이나 돼지 저금통에 저축하는 금액, 반드시 써야 할 금액, 당장은 필요하지 않은 금액으로 나누어서 관리해요. 이렇게 세 가지로 나눠서 관리하면 돈을 어디에 쓰는지도 자세히 알 수 있고, 필요하지 않은 소비를 줄일 수 있어요.

용돈을 버는 법

용돈을 벌고 싶다면 작은 것에서부터 시작해요. 집에서 할 수 있는 빨래 널기, 화분에 물 주기, 신발장이나 옷장 정리하기처럼 집 안에서 할 수 있는 일거리를 찾아 용돈을 벌어요. 주변에서 일거리를 찾는 방법도 있어요. 이웃이나 친척에게 도움이 될 만한 일거리를 찾아 반려동물 산책시키기, 마당 청소하기 등으로 용돈을 벌어요.

3장
쭈니맨의 사업 성공기

1장에서 워런 버핏이 어렸을 때 사업을 했다고 말한 거 기억나니? 나도 어려서부터 사업의 꿈을 가지고 있었어. 여러 시도 끝에 마침내 사장이 되었지. 내가 어떻게 사장이 됐는지 이야기해 줄게.

1. 손님들에게 즐거움을 파는 미니카 사업

내 첫 사업은 1장에서 말한 '미니카 사업'이야. 이 사업은 아직도 진행 중이지. 일곱 살 때부터 열두 살인 지금까지, 무려 5년간 이어 온 내 첫 사업! 이 사업을 시작한 날을 떠올리니 무척 감격스럽네. 정말 별별 일이 다 있었거든!

일곱 살, 서툴게 준비한 내 사업 계획서가 통과된 날 아빠가 물었어.

"미니카 사업에 들어가는 돈, 그러니까 자본금을 그동안 모은 세뱃돈과 용돈으로 해결한다고? 그걸로 모자라지 않겠어?"

"저 돈 꽤 모았어요."

나는 일곱 살 때까지 모은 세뱃돈과 용돈 총 40만 원을 내놓았어.

"좋아! 미니카 회사에는 아빠가 전화해 볼게."

미니카 회사에서는 우리의 이야기를 듣고 미팅을 제안해 왔어. 엄마 아빠와 난 서울에 있는 미니카 회사에 갔지. 우리는 회의실에 앉아 미니카 회사 관계자분들과 한참 회의를 했어. 그리고 도매가로 미니카 한 대당 3,000~7,000원에 받기로 계약했지.

나는 내 친구들이 좋아할 만한 미니카를 50여 개 골랐어. 그리고 물건값으로 약 40만 원을 지불했지. 얼마 후 미니카가 택배로 도착했어.

이제 정말 본격적으로 미니카를 팔 준비를 해야 할 때가 온 거야. 미니카의 판매 가격을 매기고, 미니카를 카페 어디에 어떻게 진열할지 결정해야 했지.

엄마 아빠와 나는 머리를 맞대고 생각해 봤어.

"우선 미니카를 얼마에 팔면 좋을까요?"

"미니카를 살 때 든 비용은 제외하고 추가로 든 금액이 얼마인지 생각해 봐야 해. 우리가 서울에서 제주도로 가져오면서 든 운송비라든지……."

"그럼 미니카를 팔기 위해 일한 값도 포함해야겠죠?"

"그래, 인건비도 생각해야지."

아빠가 웃었어.

나는 운송비, 인건비 등을 포함해 미니카 하나당 값을 12,000~17,000원으로 정했어.

그리고 근처 대형 마트와 장난감 매장에 가서 어린이들에게 물건을 파는 진열 방법을 참고하러 갔지.

"어! 맨 아래는 아기들 장난감, 그 위에는 내가 좋아하는 장난감이 있네."

혹시나 머릿속에서 잊어버릴까 필요한 부분은 직접 사진을 찍어 두었어. 쭈니네 미니카 가게는 어린 친구들을 위해 내 눈높이에 맞는 위치로 미니카를 진열하기로 했지.

드디어 가게를 처음 연 날이 되었어. 나는 미니카를 계산하는 곳 뒤에 얌전히 앉아 간절히 손님을 기다렸지. 손님도 없고, 미니카도 안 팔릴까 봐 내심 걱정하면서 말이야.

그때 한 손님이 다가오더니 물었어.

"이거 파는 거예요?"

"네? 네! 파는 거예요."

첫 손님은 미니카를 한 대를 사 갔지. 나는 너무 좋아서 온몸이 부들부들 떨렸어.

미니카는 그 후로도 꾸준히 팔렸지. 하루에 한 대에서 두 대, 두 대에서 세 대, 조금씩 팔리는 숫자가 늘었어. 하지만 언젠가부터 미니카 판매량이 늘어나지 않았어.

"엄마, 이상해요."

"뭐가?"

"어제는 열 대, 오늘은 아홉 대밖에 못 팔았어요."

"더 많이 팔고 싶구나?"

"네. 어제보다 오늘 더 많이 팔고 싶어요."

"어떻게 하면 더 팔 수 있을까?"

나는 곰곰 생각했어.

'내 친구들도 미니카를 분명 좋아할 텐데. 미니카를 직접 경험해 본 적이 없으면 재미있는 줄 모를 거야. 아! 맞다. 바로 그거야!'

나는 우리 카페의 가장 좋은 자리에 앉아 미니카 레일을 깔아서 미니카 경기장을 만들었어. 그러고는 내가 조립한 미니카 두 대를 경주시켰지. 손님들이 모여들기를 바라면서 말이야.

쌔앵, 바람을 가르는 소리가 났어. 미니카 바퀴가 레일을 도는 소리는 마음을 들뜨게 했지. 아니나 다를까, 소리를 듣고 꼬마 손님 한 명이 다가왔어. 나는 때를 놓치지 않고 물었어.

"너도 해 볼래?"

"응."

꼬마 손님이 대답했어. 그러고는 한참을 놀다가 집으로 돌아갈 때 미니카를 샀지. 내 계획이 성공한 거야.

며칠 후에는 미니카를 직접 만드는 체험을 시작했지.

"미니카 만드는 거 어렵지 않아요."

내 모습을 본 한 꼬마 손님이 엄마에게 졸랐어.

"엄마, 저 형이 만드는 거 사 주세요."

"미니카 얼마죠?"

내가 재미있게 만드는 모습을 보여주니까 손님들이 흥미를 느끼고 미니카를 하나둘 사 갔어. 내 미니카 영업이 성공했다는 느낌이 들어 기뻤지.

나는 더 잘하고 싶었어. 미니카를 사는 손님이 줄어들면, '무엇이 문제일까? 물건을 파는 더 좋은 방법이 있을까?' 하고 따져 보고 바로 행동으로 옮겼지.

나는 여러 시도를 해 보다 미니카 경주 대회가 가장 인기가 많아서 전문가용 경기장을 만들었지. 지역 마켓에 나가서 직접 미니카를 팔고, 택배로 배달도 했어. 나의 첫 사업은 이렇게 조금씩 커졌지. 그래서 얼마를 벌었냐고?

  내가 팔았던 미니카는 한 대당 12,000~17,000원이야. 5년 동안 미니카는 약 1,500대를 판매했고, 40만 원에서 시작한 사업은 순수익만 600만 원이 넘었어. 누군가에는 이 판매 수익금이 적은 금액일 수도, 큰 금액일 수 있지만 난 사업을 시작해 봤다는 경험에 중요도를 두기로 했지.

  지금도 미니카 가게에 나가서 판매가 잘 안 된다고 실망하지 않고, 어떻게 하면 더 팔 수 있는지 계속 생각해. 손님을 기다리지 않고 내가 직접 찾아 나서고 말이야. 이렇게 꾸준히 노력하다 보면, 언젠가 나도 내 가게를 갖게 될 거라 믿어. 이건 비밀인데! 미니카 사업 말고 이런저런 다른 사업도 연구 중이야. 헷!

2. 하루 종일 돈을 벌 수 있는 자판기

나는 어린이라서 사업을 자유롭게 하기는 어려웠지. 학교도 가야 하니까 시간을 뺏기지 않는 사업을 생각했어. 바로 자판기 사업! 자판기 사업을 해야겠다고 생각한 건, 부모님이 운영하는 놀이동산의 승마장에서 보았던 한 장면 때문이야.

어떤 어른 손님이 "어휴, 말을 탔더니 너무 덥네." 하니 꼬마 손님이 "엄마, 나도 목말라요." 하는 거야. 나는 놀이동산에 놀러 온 손님들을 더 살펴봤어. 아니나 다를까, 말을 타고 난 사람들이 시원한 음료수를 찾는 거야.

"바로, 이거야! 여기에 자판기를 설치해야겠다!"

나는 바로 자판기 사업의 장점을 정리했어.

자판기 사업은?
- ☑ 학교를 다니면서도 일할 수 있음
- ☑ 자판기는 내가 없어도 하루 종일 돈을 벌 수 있음
- ☑ 방과 후나, 주말에만 관리 가능

자판기 사업 장점 리스트를 엄마 아빠에게 가져갔더니 이번에는 부모님도 흔쾌히 허락했어. 그리고 바로 자판기를 알아봐 줬지.

하지만 어떤 음료수를 팔지 결정하는 건 온전히 내 몫이었어. 나는 알봇에게 가서 음료수의 종류에 대해 검색을 요청했지.

나는 곧바로 자판기 사업을 시작했어. 만약 나처럼 자판기 사업에 관심이 있다면 이렇게 해 봐.

자판기 사업을 하려면

1. 자판기를 설치할 장소(콘센트가 있는 곳)로 어디가 좋을지 확인하기
2. 원하는 회사와 다른 경쟁 회사의 장단점을 확인하기
3. 각 회사마다 초기 투자 비용이 얼마인지를 확인하기

음료수 회사와 계약을 하면 자판기를 어디에 설치할 건지 살펴보러 점검을 나와. 이때, 위치가 좋다고 판단하면 음료수 회사에서 자판기를 설치해 줘. 그리고 계약이 끝나면 업체에서 무료로 수거해 가.

나는 자판기 사업을 한 지 일 년이 좀 넘었어. 내 경험으로 자판기를 잘 관리하는 방법을 알려 줄게.

우선, 나는 학생이니까 주말에 출근해 자판기를 살폈어. 그동안 벌었던 돈을 수거하고, 거스름돈을 채우고, 자판기 안으로 들어온 벌레나 먼지를 치웠지. 그런 다음 팔린

음료수를 채우고, 필요한 음료수를 파악한 후 음료수를 미리 주문해 두었어.

필요한 음료수는 어떻게 주문하냐고? 아주 간단해. 음료수 회사 담당자에게 주문 문자를 보내면 돼. '이온 음료 10개.' 이렇게 말이야. 어때 쉽지?

이렇게 해서, 자판기 사업으로 일주일에 32,000원을 벌었어. 지금은 초기 투자 비용의 열 배를 벌고 있지. 나는 자판기 사업이 매우 마음에 들어. 시간은 적게 들고 다른 일보다 쉽거든.

하지만 무엇보다 새로운 일에 도전해서 성공했다는 점이 뿌듯해. 이렇게 작은 성공들이 모이면 나중에는 더 큰일을 하게 될 거라고 믿어.

3. 좋아하는 것으로 시작한 스마트 스토어

앗, 위기가 찾아왔어!

코로나19 때문에 미니카와 자판기 사업이 어려워졌지. 놀이동산에 오던 관광객들도 발길을 끊었어. 이런 와중에도 음료수 자판기 전기세는 계속 나왔지. 더 큰 시련도 찾아왔어.

"이러다 놀이동산이 곧 망할 것 같아. 지금까지 한 번도 문을 닫은 적이 없는데 처음으로 문을 닫았어. 직원들 월급도 걱정이야."

엄마가 걱정스럽게 말했어.

"제 사업도요. 가게에 갈 수 없으니까 수익이 많이 줄었어요. 아! 엄마, 이건 어때요? 집 밖에 나갈 수 없으니 집 안에서 할 수 있는 걸 찾는 거예요."

"좋은 생각이네. 집에서 할 수 있는 걸 생각해 보자."

"스마트 스토어를 하는 건 어때요? 스마트 스토어를 여는

데는 따로 비용이 안 든대요.

"좋아. 한번 정보를 찾아보자."

"네. 뭘 팔지 생각해 볼게요."

나와 엄마는 15일 동안 팔 물건을 찾아다녔어. 사람들에게 어떤 물건이 필요할지, 사람들은 어떤 걸 좋아할지를 고민하던 어느 날이었지.

나는 엄마와 상품을 결정한 후 알봇에게 갔어.

"알봇, 스마트 스토어를 여는 방법을 검색해 줘."

네. 스마트 스토어를 여는 방법입니다.

첫 번째는 쇼핑몰 이름을 만든 후, 연결해 주는 웹 사이트에서 요청하는 통장 사본을 업로드 합니다.

두 번째는 판매할 상품을 고르고 판매 방식을 선택합니다. 외국에서 상품을 들여와서 판매하는 수입 방식, 상품을 가지고 있지 않고 판매만 하는 위탁 방식, 만드는 곳이나 수입하는 곳에서 직접 물건을 사서 판매하는 위탁 방식이 있습니다. 이 중에서 원하는 방식으로 상품을 가져와 판매하면 됩니다.

세 번째는 상품을 등록해야 합니다. 팔 상품의 영상이나 사진을 찍어서 올려야 합니다.

네 번째는 홍보를 해야 합니다. 블로그 등에 판매 상품을 잘 알 수 있도록 홍보를 합니다.

"엄마, 팔 물건은 샴푸와 초콜릿으로 정했으니까. 웹 사이트에 쇼핑몰을 만들어요."

"그래. 사진도 찍고 올릴 영상도 찍자."

엄마와 샴푸를 홍보할 영상을 만들었어. 나는 샴푸를 머리에 바르고 벅벅 문질렀지.

"더, 더. 거품이 많이 나게 팍팍 문질러."

"네."

나는 한참 동안 머리를 감았어. 샴푸 홍보로 찍은 영상은 상품 페이지에 올렸지.

어느 덧 삼 개월이 지났어. 수익이 얼마나 났을까.

두근두근

가슴이 떨렸어. 맙소사! 샴푸가 겨우 7개 팔렸어. 수익이 없으니 쇼핑몰을 닫아야겠지? 도대체 무엇이 잘못된 걸까? 나는 몹시 속상했어.

엄마 아빠는 나를 위로해 준다며 멋진 식당에 데려갔지. 바로 내가 좋아하는 돼지고기 식당이었어. 오랜만에 돼지고기를 먹는데 너무 맛있는 게 아니야? 이때 번뜩, 이런 생각이 들었어.

'돼지고기를 좋아하는 사람이라면 이렇게 맛있는 고기를

먹고 싶겠지. 맛있으면 사고 싶을 거야. 바로 이거야! 미니카를 팔 때처럼 내가 좋아하는 것, 잘 아는 것을 팔아야 해.'

나는 흥분해서 벌떡 일어나며 소리쳤어.

"너무 맛있어요! 스마트 스토어에 제주 흑돼지를 팔면 어때요? 사람들이 좋아할 거예요."

"아하, 네가 좋아하는 걸 팔겠다는 거구나!"

엄마 아빠는 내 말을 단박에 알아들었어. 며칠 뒤, 나는 엄마와 돼지고기 가공 공장을 찾아갔지. 사장님하고 이야기한 끝에 상품을 가지고 있지 않고 판매만 하는 위탁 방식을 선택했어. 내가 스마트 스토어에서 고기를 팔고, 주문서를 공장에 보내면 공장에서 상품을 배송하는 거야.

드디어 계약서에 도장을 찍었어. 이건 시작일 뿐이야. 상품을 팔려면 기본적인 돼지고기 부위 공부를 해야겠지?

나는 쇼핑몰 이름을 '주니와우몰'로 정했어. 엄청난 의미는 아니지만 내가 "와우!" 하는 가게라는 뜻이야. 이 다음에는 좋은 물건을 잘 홍보할 수 있게 상품 설명 페이지를 만들었지.

앗, 온라인 쇼핑몰을 열기 직전에 문제가 생겼어. 내가 미성년자라서 사업자 등록을 할 수 없다나? 나는 엄청 당황했지만 이 부분은 어른인 엄마의 도움을 받고 해결했어. 와, 정말 쉬운 건 하나도 없지 뭐야. 하지만 나, 쭈니맨에게 포기는 없어.

마침내 쇼핑몰을 열었어! 이때 내 생각은 오로지 한 가지였어. 홍보! 고객들을 사로잡을 포인트는 바로 '제주 흑돼지고기의 맛과 당일 배송'이었어! 새벽에 잡은 제주 흑돼지고기를 오전 11시에 배송한다는 것, 배송 2~3일 후에 먹으면 충분히 숙성돼서 더욱 맛이 좋다는 걸 강조했지. 블로그, 인스타그램, 카페, 아는 사람에게도 홍보했어.

내 홍보 전략 때문인지 사람들이 많이 구매했어. 한 달에 매출 300만 원! 대성공을 거두었지. 예상한 것보다 훨씬 많이 팔렸어. 성공 뒤에는 나의 땀나는 노력이 있었지!

나는 시간이 날 때마다 돼지고기 가공 공장에 들러서 주문서를 꼼꼼히 확인했어. 가끔은 직접 포장도 했지.

"내가 파는 고기를 사람들이 더 믿고 맛있게 먹으려면 어떻게 해야 할까?"

고민을 하다가, 고기 정보를 안내하는 스티커를 만들어 상품에 붙였어.

얼마 가지 않아 문제가 곳곳에서 생겼어. 상품을 제주도에서 비행기로 보내다 보니 항공료가 추가돼 배송 금액이 올라가 손해가 났지. 다른 쇼핑몰을 살펴보니, 주문자의 지역에 따라 주문자가 직접 배송 금액을 부담하기도 하더라고. 주니와우몰도 돼지고기 주문 시 항공료를 포함한 배송 금액이 추가된다고 안내했어.

거기다 날씨가 나쁘면 비행기가 뜨지 못하는 일, 여름에 음식이 상할까 봐 명절 기간에는 배송에 문제가 생길까 봐 아이스 팩을 2~3개 더 넣었고, 일정을 더 촘촘하게 확인했어.

택배 상자를 볼 때마다 상품이 제대로 도착하기를 바랐지. 힘들었지만 이런 노력 덕에 결실을 맺었다는 걸 잘 알아.

오랫동안 공부하고 노력한 결실을 맺어서 정말 기뻐.

흑돼지 도매 구매 비용	2,000,000원
+ 스티커 디자인 제작비(고기 정보 안내용)	70,000원
+ 스티커 인쇄비	320,000원
총 준비 금액	390,000원
총 판매 금액	3,000,000원
순수익	610,000원

그러던 어느 날, 깜짝 놀랄 일이 일어났어.

"우리 물건을 팔아 주세요."

오메기떡 업체가 직접 찾아온 게 아니야?

"네? 주니와우몰로 오신 거 맞으세요?"

나는 잘못 찾아온지 알았어. 얼마 전까지 "돼지고기를 팔게 해 주세요." 하고 돼지고기 가공 공장을 찾아갔는데 말이야. 이제는 거꾸로 물건을 팔아 달라고 찾아오는 사람이 생겼다니!

"맙소사! 어떻게 이런 일이 생기지?"

내가 놀라 중얼거리는데 알봇이 대답했어.

온라인 쇼핑몰은 꾸준히 잘 되었어. 보통 한 달 매출이 200만 원이 넘고, 많으면 600만 원까지 벌기도 했지. 난 온라인 쇼핑몰 사업을 시작으로 온라인에서 할 수 있는 다른 사업을 찾고 있어. 최근에는 플랫폼 사업에 관심이 가서 공부하고 있어. 곧 도전할 때를 기대하면서 말이야.

사업 계획서 만들기

좋은 사업 아이디어가 있다면 사업 계획서를 만들어 봐요. 사업 계획서는 간단히 쓸 수 있어요. 세 가지 단계로 사업 계획서를 써 보세요.

1단계 아이디어 내기

먼저, 사람들이 무엇을 좋아하는지 아는 것이 중요해요. 목표로 하는 타깃에 따라 관심사가 다르겠죠? 더불어 이 상품을 준비하면서 내가 정말 할 수 있는 것인지, 즐거울 수 있을지를 생각해 봐요.

2단계 돈을 벌 수 있는지 판단하기

사업에 들어가는 비용과 예상하는 수입을 정해요. 예산과 수입은 개월이나 년도로 기간을 정해요. 그리고 이후 들어가는 마케팅 비용까지 사업을 하고 남은 돈이 있는지 확인해요. 총수입에서 총지출을 뺀 금액이 마이너스라면 사업을 하기 힘들겠죠? 플러스가 될 때까지 조정해요.

3단계 나의 사업이 얼마나 인기 있을지 생각하기

내 사업이 남들과 얼마나 다른지도 중요해요. 같은 음식이라도 특별한 요리법이 있는 것처럼요. 만약 내 사업이 다른 사업과 비슷하다면, 특별한 경쟁력을 찾아야 해요.

4장
쭈니맨의 투자 성공기

어느 책에서 읽었는데 위기와 기회는 같이 찾아온대. 코로나19로 집에 있는 시간이 길어지면서 난 이 시간을 어떻게 보낼지 고민이 많았지. 위기를 기회로 생각하고 투자를 시작한 쭈니맨의 이야기 들어 볼래?

1. 주식으로 수익을 쁘다고?

맨 처음 내가 주식이 뭔지 알게 된 이야기를 들려줄게. 코로나19로 때문에 여전히 집에 꽁꽁 묶여 있던 날이었어. 자동차, 퍼즐, 요리, 책, 보드게임…… 집에 있는 건 다 갖고 놀았지. 제인이는 방에 있었어. 혼자서도 잘 놀지만 조금 미안해졌어.

"오빠가 재미있는 거 틀어 줄까?"

"좋아."

나는 자리에서 벌떡 일어나며 말했어.

"주식으로 돈을 벌 수 있을 것 같아."

"오빠, 주식이 뭔 줄 알아?"

"아니."

"뭔지도 모르고 어떻게 돈을 벌어? 모르고 시작했다가 쫄딱 망할 거야."

"방금 경제학자가 말했어. 지금 세계 뭐가 엄청 떨어지고 있대. 그래서 주식을 사기 좋다고 그러는데."

"맙소사. 오빤 주식을 잘 모르잖아."

"공부하면서 알아보면 되지. 지금 시기가 십 년에 한 번 오는 기회래. 이 기회를 놓치면 다음 기회는 십 년 뒤에나 오는 거야. 그래서 나는 이 기회를 잡아야겠어. 알봇, 주식에 투자한 사람들의 이야기를 검색해 줘."

알봇이 모니터에 기사를 출력했어. 기사에는 주식 투자로 돈을 번 사람도 많았지만, 잃은 사람도 아주 많았지. 주식에 투자했다가 집까지 몽땅 잃어버린 사람도 있었어.

"오빠, 그래도 주식은 안 하는 게 좋을 것 같아."

제인이는 계속 말렸어. 나는 잠시 후퇴했지. 하지만 다음 날 엄마에게도 주식 이야기를 꺼냈어.

"엄마, 제가 어제 경제 뉴스를 봤는데요. 주식 가격이 계속 떨어지고 있대요."

엄마는 내게 말했어.

"음, 근데 어제 주식을 샀으면 너는 돈을 잃었을 거야. 이건 딱지를 팔고, 쇼핑몰을 운영하는 것하고는 달라."

엄마의 말처럼 주가가 떨어지면 투자한 돈을 잃을 수 있어. 하지만 주식 전문가도 주가를 완벽히 예측할 수 없잖아. 무슨 일이든 해 보지 않고는 모르는 거지.

나는 호기심이 생기면 직접 해 봐야 한다고 생각해. 결과는 아무도 모르니까. 실패하면 어때. 그럼, 다음에는 더 잘할 거 아니야?

결국 엄마는 못 말리겠다며 두 손을 들었어. 그러고는 덧붙였지.

"주식은 네 돈으로 하는 거야. 네가 선택했으니까 결과에 대한 책임도 네가 져야 해. 알았어?"

"당연하죠."

"실패할 수도 있어. 각오했어?"

"네."

"그럼, 됐어! 혹시 잘못돼도 너라면 잘 극복할 거야. 엄마는 네가 더 큰 사람이 될 거라고 믿어."

엄마는 걱정했지만, 내 선택을 존중했어. 결정했으니, 이제 남은 건 실천뿐!

'흠, 그런데 뭘, 어떻게 해야 하지?!'

😀 알봇, 주식에 대해 알아보려면 뭐부터 하는 게 좋아?

🤖 주식이 무엇인지부터 공부해야 하지 않을까요? 주식의 기본부터 잘 정리한 영상을 이미 검색해 놓았습니다.

😀 오! 역시 알봇!

나는 여러 영상을 보고 꼼꼼히 메모한 후, 주식을 할 때 나만의 기준을 정했어.

주식 투자 잘하는 방법

1. 한곳에만 투자하지 말고, 나누어서 투자하기
2. 회사가 탄탄한 우량주에 투자하기
3. 짧게 사고팔지 말고 기다리기
4. 날마다 뉴스 살펴보기. 우리나라 경제 상황과 세계 경제 확인하기

나는 12년간 모은 돈을 탈탈 털었어. 가족과 어른들이 준 용돈을 꺼냈지. 그리고 미니카와 음료수 자판기 사업으로 번 돈, 아르바이트를 해서 번 돈까지 모아 보니 돈이 제법 많았어. 총 2천 7백만 원이나 됐지. 나는 내가 모은 돈을

주식에 투자하기로 했어.

"그냥 안전하게 적금을 드는 게 어때?"

엄마는 여전히 내가 걱정됐나 봐.

"엄마, 지금 은행 적금의 이자가 가장 높은 게 2퍼센트래요. 이 돈을 주식에 넣으면 수익이 더 많아질 거예요."

"그래. 알았어."

이번에도 엄마는 내 의견을 존중해 주었고, 엄마와 나는 은행에 가서 미성년자 주식 계좌를 만들었어. 그런데 방법과 절차가 어려워서 몇 번의 도전 끝에야 첫 주식을 주문했지.

주식은 그냥 주문하면 되는 줄 알았는데 모바일 뱅킹 애플리케이션을 설치하고 주식 계좌를 연결해야 했어. 이게 끝이 아니라 주식 투자가 가능한 금융권 공인 인증서를 발급받아야만 가능한 거였지.

실제 주식을 사고 나니 기분은 말로 표현할 수 없었어. 삼영전자를 시작으로 현재자동차, 엘비, 네이바, 카카우 등 우량주에 나누어 투자했지. 이렇게 총 2천 7백만 원을 투자했어. 잘한 걸까? 나는 조금 초조했지만, 꿋꿋하게 결과를 기다리기로 했어.

당장 수익률은 낮았지만 처음 주식을 시작할 때 내가 정한 기준을 지키기로 했지. 한참 후 결실을 내 눈으로 확인한 날, 내 가슴은 설렘으로 쿵쿵 뛰었어. 아직 가 보지 않은 미지의 세계를 마주한 기분이었지. 실패할 수도 있지만, 내가 가고 싶은 길을 멈추지 않기로 했어.

2. 로이터 통신에서 십 대 투자자로 소개됐대요

"우아! 우우우우우아! 우우우악!"

"헉! 세상에 이런 일이! 어떻게 이런 일이!"

"장난 아니다!"

우리 가족은 내 수익금을 보자 모두 놀랐어.

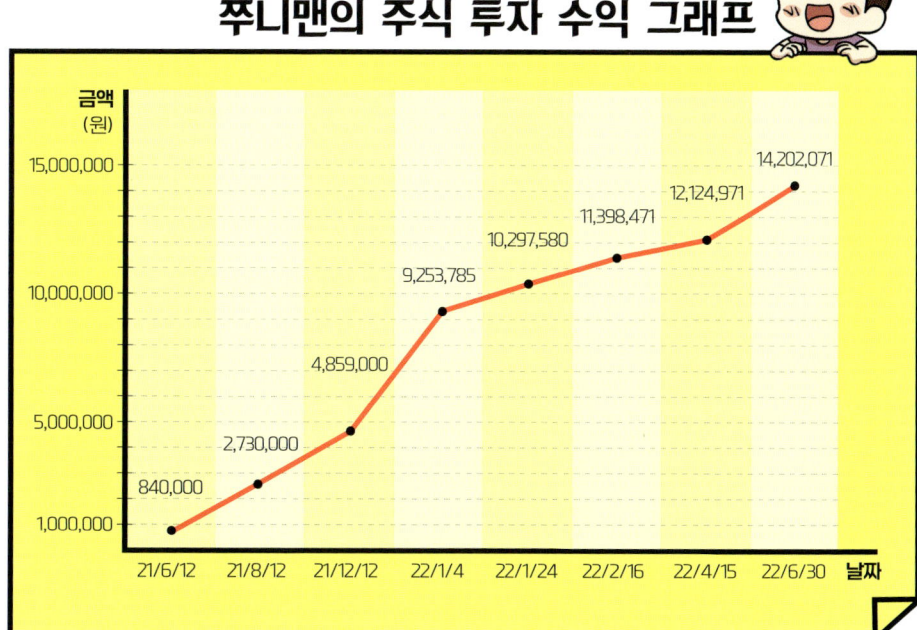

쭈니맨의 주식 투자 수익 그래프

내가 고른 주식이 빨간 곡선을 그리면서 날마다 상승했기 때문이야. 이건 내 주식 투자가 성공했다는 뜻이지. 나는 일 년 동안 약 1,500만 원을 벌었어. 정말 어마어마하지?

초등학생이 주식으로 돈을 벌었다는 이야기는 금방 소문이 났어. 여러 방송사의 기자들이 인터뷰를 요청했지. 나는 얼떨떨한 마음으로 첫 인터뷰를 하기로 했어.

인터뷰를 하던 날, 방송국 기자들의 질문이 쏟아졌지. 순식간에 나는 회오리바람 속으로 빠져든 것 같았어.

"주식 투자를 시작한 동기가 뭐죠?"

"삼영…… 등의 주식을 샀던데 맞나요?"

"투자 종목을 선택한 기준이 있다면 뭐였을까요?"

"주식 투자 자금은 어떻게 마련했나요?"

"사람들의 관심이 많아요. 기분이 어때요?"

"앞으로 투자 전략이 있다면요?"

기자들의 목소리가 윙윙 하고 울렸어. 마이크가 나를 향해 달려드는 것 같았지. 세상이 몽땅 나 때문에 와글대는 것 같아 덜컥 겁이 났어. 손이 떨리고, 눈물이 나올 것 같았지. 그래도 꾹 참고 또박또박 대답했어.

"…… 저는 제 주변을 관찰했어요. 도로에 가장 많이

지나다니는 차가 현재차였고요. 집에 있는 냉장고는 삼영 거예요. 텔레비전은 엘비고요. 또……, 전 궁금한 게 있으면 네이바로 검색해요. 친구들하고는 카카우로 얘기하고요. 그래서 그런 회사 주식을 골랐어요. 내가 편하게 잘 쓰고 있고, 많은 사람이 쓰는 물건이라면 앞으로도 오래 사용할 것 같았거든요. 시간이 지나면 이런 회사가 더 커지고 오래갈 테니까요."

휴, 무사히 말을 마쳤어. 나는 내 주변 사람들이 어떤 물건을 꾸준히 잘 쓰고 있다면 그 회사 주식을 사도 문제가 되지 않을 거라고 생각했지. 내 생각은 옳았어.

며칠 뒤 내 기사를 보고 온 친구들이 생겼지. 친구들은 기사를 보고 궁금했던 게 있었는지 물어보기도 했어.

내가 투자한 곳의 주식 수익률이 높아서 기뻤어. 뜻하지 않았던 인터뷰 경험도 새로웠지. 그 바람에 주식에 더욱 흥미가 생겼어. 내 일에 관심을 가지고 있는 사람이 늘어나서, 책임감도 생겼지. 주식을 제대로 해 보고 싶어졌고, 주식 공부를 더 열정적으로 했지. 서점에 가서 주식 관련 책도 잔뜩 사고, 주식과 관련한 뉴스도 기록해 보고, 경제와 관련한 동영상도 챙겨서 봤어.

"첫 주식 투자에 성공한 이유를 뭐라고 생각합니까?"

제인이가 휴대 전화 카메라를 들이대며 기자처럼 물었어. 나는 킥 웃음이 나왔지만 진지하게 대답했지.

"제가 관심 있는 것은 그냥 지나치지 않습니다. 오랫동안 지켜보고 살펴봤지요. 물론 공부하는 건 기본이죠. 공부를 해야 세상을 보는 안목을 키울 수 있다고 생각하거든요."

제인이는 크크 웃다가 다시 물었어.

"그렇군요. 이번에 수익률이 높았습니다. 번 돈으로 뭘 하고 싶은가요?"

"전 더 많은 돈을 벌고 싶습니다."

내가 말한 것처럼 되려면 더 노력해야겠지?

3. 요즘 쭈니맨은요

주식 시장이 침체기에 접어들었어. 다른 사람들처럼 나 역시 상황이 좋지 않았지. 수익률이 전보다 내려갔다고 해도, 내 주식은 아직 빨간색이었어. 주식 한 주를 3,000원에 샀으면 주가가 3,000원 이상의 이익을 보고 있다는 뜻이지.

어떤 어른들은 생각이 달랐나 봐. 여전히 주식으로 어린애가 큰 수익을 낸다는 사실에 깜짝 놀라했어. 관심이 계속 몰려들었지. 사람들은 나를 칭찬하면서 주식 투자 방법을 묻고, 나와 친구를 하고 싶어 했어.

그런데 얼마 후 주가가 엄청나게 떨어지면서 상황이 달라졌지. 나이가 어린 나를 걱정하는 사람도 있었지만, 나쁜 말이나 추측을 하는 사람도 많았어.

나는 혼자서 나쁜 말들을 보면서 마음이 아프고 속이 상했지. 모든 사람이 나를 안 좋게만 생각하는 것 느낌이었어.

바로 그때 A 투자사 대표님이 회사로 나를 초대했어. 나는 설레는 마음으로 대표님을 만나러 갔지. 대표님은 내게 궁금한 것이 많은 듯한 표정으로 물었어.

"올해 초 미국 금리가 상승했어요. 오랜 기간 동안 금리 조정이 이어지면서 한국 증권 시장도 숨 고르기에 들어갔는데요. 지금의 마음은 어때요? 주변에 걱정하는 사람이 많지요."

"네. 제가 어리니까 걱정해 주시는 것 같아요. 사람들 생각과 달리 저는 지금 잘 지내요."

"다행이네요. 잘 지내고 있다니까요."

"주식은 작년 4월 이후 평균 수익률 59퍼센트를 기록했고 카카우는 160퍼센트를 기록했어요. 하지만 지금 수익률은 저에게 큰 의미가 없어요."

"정말요? 수익률은 누구에게나 중요한 문제잖아요. 안 그런가요?"

"네. 왜냐하면, 저는 주식을 짧게 가지고 갈 생각이 아니라 길게 쭉 가지고 갈 계획이니까요. 그리고 한 회사의 주식을 몰아서 투자한 것이 아니라, 대기업 우량주에 나누어 투자를 이어가고 있어요."

"오, 그렇군요. 단기 투자하는 게 아니군요."

"네. 저는 제가 갖고 있는 돈만 투자했고, 길게 보고 있기 때문에 항상 마음에 여유가 있어요."

"아하! 특별한 계획이 있군요. 그런 확신은 어떻게 갖게 됐는지 궁금해요."

"네. 틈날 때마다, 주식에 대해 열심히 공부했어요. 그리고 저만의 투자 기준을 만들었고요."

"오, 정말이요? 대단하네요."

"아까도 말했듯이 어린이인 제가 고른 방법은 장기 투자예요. 저는 학생이고 학교에 가야 하니까 계속 주식 시장을 보고 있을 수 없거든요."

대표님은 나를 기특하다고 칭찬했어.

나는 그동안의 힘든 기억은 잊고, 인정을 받은 것 같아서 기뻤지.

가벼운 마음으로 집에 돌아오는 길에 제인이가 갑자기 물었어.

"2008년에 중국에 사는 한 여성이 우리 돈으로 약 850만 원의 주식을 샀었대. 그리고 주식 계좌 비밀번호를 잊어버려서 확인을 못 하다가……."

"못 하다가?"

"13년 후에 열어 보니 우리 돈으로 약 8억 5천만 원이 돼 있더래."

"와우! 장난 아니다!"

그리고 제인이는 덧붙였지.

"근데 오빠, 시간이 오래 지난다고 다 오르는 건 아니잖아."

"당연하지."

나는 내가 한 일과 그 일이 미래에 불러올 결과에 후회나 걱정은 하지 않아. 비록 그것 때문에 내가 투자한 돈을 잃더라도 말이야.

왜냐고? 무슨 일을 시도하면 성공하거나 실패하거나 둘 중 하나일 거야. 만약 성공하면 자신감을 얻고, 실패하면 경험을 하면서 다음에는 더욱 잘하는 방법을 배우게 될 테니까.

금융 상품과 물건 투자란?

돈을 모아서 더 많은 이익을 얻기 위해 투자를 할 수 있어요. 위험 부담이 다 다르니 잘 선택해서 투자하는 게 좋겠죠?

> 난 이 중 주식에 투자했지! 다른 투자도 눈여겨보고 있어!

금융 상품 투자

주식 주식회사에서 만들어 파는 문서예요. 주식을 사면 회사의 주주가 되지요. 회사의 이윤에 따라 배당 이익을 받을 수도 있고, 반대로 회사가 위기에 처하면 주식값이 떨어질 수 있어요. 그렇기 때문에 경제 사정과 회사의 실적을 잘 알고 투자해야 해요.

채권 정부, 공공 기관, 기업 등이 큰돈을 마련하기 위해 사람들에게 돈을 빌려주고 받는 문서예요. 채권을 발행한 기관이 정부일 땐 국가에서 발행하는 채권이고, 회사나 은행에서 발행할 땐 기업형 채권이라고 해요. 채권도 주식처럼 살 수 있으며, 이자와 돌려받는 기간이 정해져 있어요. 주식보다 안전한 투자를 하고 싶은 사람들은 채권에 투자하기도 해요.

펀드 사람들의 돈을 모아 기업에 투자하는 것이에요. 펀드에 가입하면 전문가가 그 돈을 여러 곳에 투자해요. 전문가가 투자에 성공하면 그 이익을 나눠 가지게 되죠. 펀드는 주가가 떨어지면 내가 처음 맡긴 돈보다 적은 돈을 돌려받을 수 있어요. 그래서 위험도와 수익률을 정확히 따지고 펀드에 투자해야 해요.

물건 투자

> 모든 투자는 꼼꼼히 따져 보고 투자해야 됩니다!

부동산 대표적인 부동산으로는 집이나 빌딩 등이 있으며, 값이 오르면 재산도 늘어나게 돼요. 전세나 임세로 다른 사람에게 빌려주면서 돈을 벌 수 있지요.

귀금속이나 미술품 금이나 보석, 미술품은 시간이 지날수록 가치를 인정받아 값이 오르는 경우가 많아요. 미래 가치를 위해 투자의 목적으로 사는 사람들이 있지요. 특히 금이나 보석은 다른 나라에서도 인정받는 재산이에요.